PUCCINI:
MADAMA BUTTERFLY

Opera en Tres Actos

℘

Traducción al Español y Comentarios
por E. Enrique Prado

℘

Libreto por
Luigi Illica y Giuseppe Giacosa

Jugum Press

ISBN-13: 978-1-939423-70-2
ISBN-10: 1-939423-70-8

Impreso en los Estados Unidos de América
Publicado por Jugum Press
www.jugumpress.com

Cubierta de libro: Poster de la ópera Madama Butterfly de Puccini
por Adolfo Hohenstein (1854-1928)
y foto de estudio de Composer Giacomo Puccini
de Wikimedia Commons – en.wikipedia.org
(en el dominio público en los Estados Unidos y otros países)

Edición y diseño:
Annie Pearson, Jugum Press
Consultas y correspondencia:
jugumpress@outlook.com

Índice

Prefacio 🙰 Madama Butterfly

La pequeña geisha dé Giacomo Puccini (1858-1924) tiene un antepasado operístico y otro literario. El primero, algo más antiguo, se remonta a dos heroínas de la ópera romántica francesa: *Selice en La Africana de Meyerbeer* (1865) y *Lakmé* la protagonista de ópera de Delibes, (1883).

Al igual que Cho Cho San, éstos personajes pertenecen a razas no europeas; como ella ambas se enamoran de un hombre blanco, transgrediendo así una costumbre sagrada de su pueblo, y ambas se suicidan cuando sus amantes las abandonan para volver a sus países de origen. Es el choque entre dos culturas, la incompatibilidad entre Oriente y Occidente y de manera implícita, la superioridad el hombre blanco, lo que constituye el motivo subyacente de éstos temas operísticos.

Tales narraciones se basaron, sin duda, en incidentes reales que deben de haber ocurrido a menudo durante esa parte del siglo XIX, en que países antes considerados lejanos y legendarios, eran puestos gradualmente en contacto con la civilización europea mediante el comercio y la expansión colonial. Alrededor de 1860, Japón empezó a bajar sus barreras para Occidente; se permitió que flotas extranjeras tocaran sus puertos y correspondió a un oficial naval francés escribir la primera novela sobre el país de las geishas y los samuráis. Fué Pierre Loti con su novela *Madam Chrysantheme* en 1887, estableció la moda de los temas japoneses en la literatura y la ópera de Occidente. Después se escribieron varias novelas, óperas y operetas que culminaron con *Madam Butterfly* de Puccini.

En *Madama Chrysantheme*, Loti describe la curiosa costumbre según la cual, se permitía a los oficiales de armadas extranjeras efectuar matrimonios temporales con geishas, que finalizarían al expirar las licencias de los "maridos." Su novela se presenta como un diario llevado por Pierre, oficial naval del "Triomphante" durante su estadía en Nagasaki de Julio a Septiembre de 1885. Para pasar el tiempo, Pierre "se casa" con una joven y refinada geisha. No hay ninguna tragedia cuando después de tres meses Pierre vuelve a su nave. Cualquier sentimiento de pesar o de remordimiento, que pudiera haber tenido Pierre al dejar a su "esposa" se disipa totalmente, cuando al despedirse de ella la encuentra contando las monedas que él le ha dado al separarse y probándolas con un martillo, con la habilidad de un viejo prestamista.

En 1898 John Luther Long, publicó su sensacional relato *Madame Butterfly* que David Belasco en colaboración con el autor adaptó para el teatro. Esta novela se basó en hechos reales lo cual después le fué confirmado a Puccini por la esposa del embajador Japonés.

En 1900 Puccini fué a Londres a presenciar su *Tosca* en Covent Garden, después lo llevaron a ver una obra de teatro llamada *Madame Butterfly*, al final de la audiencia, Belasco el autor de la obra teatral fué llamado varias veces al escenario por el entusiasta público. Puccini se entrevistó con Belasco para solicitarle su obra como argumento para una ópera lo cual fué aceptado por éste.

Puccini contrató los servicios de Giuseppe Giacosa y Luigi Illica para que escribieran el libreto basándose en la obra teatral de David Belasco. Puccini siempre escribió con extrema lentitud, revisando constantemente cada frase. Le tomó tres años terminar su Butterfly.

El estreno fué el 17 de Febrero de 1904 en La Scala de Milán, esa noche se presentó a la función la claqué contratada contra Puccini por sus enemigos; hubo silbidos, gritos de todo tipo, insultos a los cantantes y no fué posible escuchar nada de la obra. La protagonista, Rosina Storchio, rompió en llanto y se rehusó a continuar. Puccini en su palco dijo: "Ellos pueden decir lo que quieran, pero esto es lo mejor que he escrito." Mascagni lo confortó diciendo: "Si ésta ópera cayó ésta noche, puedes estar seguro que pronto alcanzará las alturas."

Puccini hizo algunos cambios en la ópera, uno de los más significativos fué que de dos actos muy largos que contenía la obra original, hizo tres más breves mejorando así la calidad de la obra.

Una vez revisada la ópera, se presentó por segunda ocasión en La Casa de la Opera de Brescia el 28 de Mayo de 1904, siendo recibida por el publicó con enorme entusiasmo; ésta éxito se repitió en Turin, Bolonia, Nápoles y Buenos Aires. En Julio de 1905, la presentó Covent Garden con una escenografía suntuosa; en ésta ocasión Caruso hizo el papel de Pinkerton, mismo que repitió en el estreno en el Met de New York en Febrero de 1907 en compañía de Geraldine Farrar.

Antes de comenzar a escribir ésta ópera, Puccini estudió, con la ayuda de un amigo que había vivido en el Lejano Oriente, las características de la música Japonesa, sus temas y sus ritmos. El "occidentalizó" elementos antes de usuarios porque pensó que si la música hubiera sido muy auténtica, no hubiera agradado a la audiencia occidental. El resultado fué una *Madam Butterfly* llena de elegancia en su melodía, con una armonización muy inteligente y una muy colorida y expresiva orquestación que lograron una de las máximas expresiones del verismo Italiano.

Traducción y comentarios por:
E. Enrique Prado Alcalá
  Tepoztlán
  Septiembre de 1999.

ℌ

Sinopsis ℌ Madama Butterfly

Acto Primero

Aparece un hermoso jardín sobre una colina que domina la Ciudad de Nagasaki. Pinkerton, un joven teniente de la marina norteamericana, acompañado por Goro, un agente matrimonial, y por Suzuki la sirvienta, inspecciona la casa que compró para vivir con Cho-Cho-San, una pequeña geisha de solo quince años de edad con quien ése mismo día contraerá matrimonio a la usanza Japonesa. Pronto llega su amigo Sharpless, el cónsul norteamericano. Pinkerton presume sarcásticamente de su próximo matrimonio y de la ligereza con que lo toma. Sharpless, le aconseja que sea cuidadoso ya que el amor de Cho-Cho-San es sincero.

Llegan *Madam Butterfly* y sus amigos acompañados por los excitados familiares de la novia e inmediatamente después de la ceremonia, su tío, un severo monje budista le reprocha el haber abandonado la religión de sus ancestros y la maldice. Los invitados quedan horrorizados ante esto y Pinkerton indignado los despide de mala manera y luego consuela a la llorosa Butterfly.

Ambos intercambian tiernos sentimientos de amor, mientras tanto llega la noche.

Acto Segundo

La acción tiene lugar dentro de la casa de Cho-Cho-San; han pasado tres años desde que Pinkerton dejó Japón, pocos meses después de la boda cuando la joven estaba a punto de dar a luz: Suzuki llora por la pérdida de felicidad de su ama, pero ella tiene plena confianza que en un día no muy lejano, un barco de guerra aparecerá en el horizonte, trayendo a su amado esposo, quien la colmará de caricias y de besos, y volverá la felicidad al hogar.

Llega Sharpless a leerle una carta a Madam Butterfly en donde Pinkerton le informa que ha contraido matrimonio con una norteamericana y le pide que se lo comunique, en ese momento llega Goro el casamentero acompañado del príncipe Yamadori, un hombre acaudalado, que desea casarse con Cho-Cho-San, pero ella lo rechaza. Sharpless, se marcha sin leerle la carta.

Se escucha un cañonazo, que anuncia el arribo de la nave de Pinkerton, Butterfly y Suzuki en un éxtasis de felicidad, decoran la casa con pétalos y luego se sientan a esperar la llegada del marino por la colina

Acto Tercero

Llega el amanecer y no hay señales de Pinkerton. Tristemente, Suzuki persuade a Butterfly que ha permanecido en vela, para que se vaya a descansar y luego lleva al niño a su habitación. En éste momento llegan Pinkerton y Kate, su esposa, acompañados por Sharpless, ellos han venido para llevarse al niño ya que Kate ha aceptado adoptaría. Pinkerton no se atreve a confrontar a Butterfly y se retira. Entra Butterfly y al ver a la mujer se da cuenta de la situación, Sharpless sale dejándolas solas, Kate le explica su plan a Butterfly en lo relativo a la adopción del niño, ella lo acepta con la condición de que Pinkerton vaya a recogerlo en un lapso de media hora.

Butterfly se queda sola, enciende una lámpara ante la efigie de Buda, Suzuki trae al niño y los deja solos. Butterfly lo abraza y se despide tiernamente de él, luego le venda los ojos y ella va detrás de un biombo en donde comete harakiri con la daga de su padre, luego moribunda se acerca al niño, lo abraza y cae muerta a su lado. En ese momento se oye desde afuera la voz de Pinkerton llamando a la geisha. Entran a la habitación Pinkerton, que se arrodilla al lado de Butterfly y Sharpless se lleva al niño.

FIN

Reparto ☙ Madama Butterfly

MADAM BUTTERFLY — una geisha, Soprano

TENIENTE BENJAMIN FRANKLIN PINKERTON — oficial de la Marina Norteamericana, Tenor

SUZUKI — sirvienta de M. Butterfly, Soprano

KATE PINKERTON — esposa de Pinkerton, Suprano

SHARPLESS — Cónsul Norteamericano en Nagasaki, Baritono

GORO — negociador de matrimonios, Tenor

YAMADORI — acaudalado príncipe, Tenor

EL BONZO — tío de Butterfly, monje Budista, Bajo

Una colina cercana a Nagasaki.

Libreto ೩ Madama Butterfly

Acto Primero

Una casa al estilo japonés, con terraza y jardín.
Abajo el puerto y la Ciudad de Nagasaki.
Goro está mostrando la casa a Pinkerton que va de una sorpresa a otra.

PINKERTON
E soffito... e pareti...

1. Y el cielo razo...y las paredes...

GORO
Vanno e veangono a prova
a norma che qui giova
nello stesso locale
alternar nuovi aspettí
ai consueti.

2. Van y vienen a voluntad
una norma que aquí juega
en la misma habitación
es cambiar por nuevos
los viejos arreglos.

PINKERTON
Il nido nuzíale, dov'e?

3. ¿En dónde está el nido nupcial?

GORO
Qui o lá...secondo...

4. Aqui o alla...depende...

PINKERTON
Anch'esso a doppío fondo!
La sala?

5. ¡Y eso tiene doble fondo!
¿La sala?

Muestra la terraza.

GORO
Ecco!

6. ¡Hela aquí!

PINKERTON
All'aperto?

7. ¿Afuera?

Desliza una pared.

GORO
Un fianco scorre...

8.   Un lado se recorre...

PINKERTON
Capisco! Capisco! Un altro...

9.   ¡Entiendo! ¡Entiendo! Otra cosa...

GORO
...scivola!

10.   ...¡es corrediza!

PINKERTON
E la dimora frivola...

11.   Y la morada es liviana...

GORO
Salda come una torre
da terra fino al tetto.

12.   Sólida como una torre
desde el suelo hasta el techo.

PINKERTON
E una casa a soffietto.

13.   Es una casa hecha de aire.

Da una palmada y entran dos hombres y una mujer que genufexionan ante Pinkerton.

GORO
Questa è la cameríera
che della vostra sposa
fu gia serva amorosa.
Il cuoco, il servitor, sono confusi
del grande onore.

14.   Esta es la camarera
que para tu esposa
ya ha sido sirvienta amorosa.
El cocinero, el mayordomo,
            están confundidos
por el gran honor.

PINKERTON
I nomi?

15.   ¿Y sus nombres?

GORO
"Miss Nuvola leggera"
"Raggio di sol nascente"
"Esala Aromi"

16.   "Miss Nube ligera"
"Rayo del sol Naciente"
"El que exhala aroma"

SUZUKI

Sorride Vostro Onore?
Il riso è fruto e fiore.
Disse il savío Ocunama:
"Dei cruccí la trema
smaglia il sorríso."
Schiude alla perla il guscio
apre all'uom l'uscio
del Paradiso.
Profumo degli Dei...
Fontana della vita...
Dísse il savia Ocunama:
deí crucci la trama
smaglia il sorriso.

17. ¿Sonríe su Señorita?
La risa es fruto y flor.
Dice el sabio Ocunama:
"Una sonrisa desenmaraña
la trama de los problemas."
Abre la concha a la perla
y abre al hombre la puerta
del Paraíso.
El perfume de los dioses...
La fuente de la vida...
Dice el sabio Ocunama:
una sonrisa desenmaraña
la trama de los problemas.

Goro se dá cuenta de que Pinkerton está aburrido.
Da una palmada y los tres sirvientes se retiran.

PINKERTON

A chiacchíere
mi par cosmopolita.
Che guardi?

18. Cuando se trata de hablotear
hasta parece muy cosmopolita.
¿Qué miras?

GORO

Se non giunge ancor la sposa.

19. Veo si ya viene tu esposa.

PINKERTON

Tutto è pronto?

20. ¿Está todo listo?

GORO

Ogni cosa.

21. Todo.

PINKERTON

Gran perla di sensale!

22. ¡Eres una perla entre los vendedores!

GORO

Qui verran: l'Ufficiale del
registro, i parenti, il vostro Console,
la fidanzata.
Qui si firma l'atto
e il matrimonio è fatto.

23. Aquí vendrán: el Oficial del
registro, los parientes, tu Cónsul,
y la prometida.
Aquí se firma el contrato
y queda hecho el matrimonio.

PINKERTON

E son molti i parenti?

24. ¿Y son muchos los parientes?

GORO
La suocera, la nonna,
lo zio Bonzo (che non si
ci degnera di sua presenza)
e cugini, e le cugine!
Mettiam fra gli ascendenti
Ed i collaterali un due dozzíne.
Quanto alla discendenza...
provvederanno assai
Vostra Grazia e la bella Butterfly.

PINKERTON
Gran perla di sensale!

VOZ DE SHARPLESS
E suda e arrampica
sbuffa, inciampica!

GORO
Il consol sale.

Aparece muy agitado.

SHARPLESS
Ah! Quei Viottoli
mi hanno sfiaccato!

PINKERTON
Bene arrivato!

SHARPLESS
Ouff!

PINKERTON
Presto Goro, qualche ristoro.

SHARPLESS
Alto.

PINKERTON
Ma bello.

SHARPLESS
Nagasaki, il mare, il porto...

25. ¡La suegra, la abuela,
el tío Bonzo (que no nos dignará
con su presencia)
y los primos y las primas!
Digamos que entre ancestros
y colaterales, unas dos docenas.
Y en cuanto a los descendientes...
proveerán generosamente
Vuestra Gracia y la bella Butterfly.

26. ¡Eres la gran perla de los corredores!

27. ¡Se suda al subir
me agito y me tropiezo!

28. El cónsul sube.

29. ¡Ah! ¡Esas piedritas
me han sofocado!

30. ¡Bienvenido!

31. ¡Uff!

32. Rápido Goro, algún refresco.

33. Es alto aquí.

34. Pero bello.

35. Nagasaki, el mar, el puerto...

PINKERTON

...e una casseta
che obbedisce a bacchetta.

SHARPLESS

Vostra?

PINKERTON

La comperai per novecento
novantanove anni,
con facoltá ogni mese,
di rescíndere i patti.
Sono in questo paese
elastici del par,
case e contratti.

SHARPLESS

E l'uomo esperto ne proffita.

PINKERTON

Certo.

36.
...es una casita
que obedece mi batuta.

37.
¿Es tuya?

38.
La compré por novecientos
noventa y nueve años,
con la facultad todos los meses,
de rescindir el contrato.
En éste país son
muy elásticos
con casas y contratos.

39.
Y el hombre experto se beneficia.

40.
Es cierto.

Goro sale de prisa de la casa, seguido por dos sirvientes.
Preparan una mesa con mantel, vasos y botellas y luego se retiran.

Brinda

PINKERTON

Dovunque al mondo
il Yankee vagabondo
si gode e traffica
sprezzando rischi.
Affonda l'ancora
alla ventura...

41.
En todo el mundo
el yanqui vagabundo
goza y hace tratos
desprecian los riesgos.
Lanza su ancla
a la ventura...

Le ofrece de beber a Sharpless.

Milk-punch o Wisky?
Affonda l'ancora
alla ventura
fiché una raffies scompigli
nave e alberatura...
La vita ei non appaga
se non fa suo tesor
i fior; d'ogni plaga...

¿Milk-punch o whisky?
Lanza su ancia
a la ventura
hasta que una tormenta
rompa nave y arboladura...
La vida no lo satisface
sí no hace su tesoro
con las flores de todas las playas...

17

SHARPLESS
E un facile vangelo...

PINKERTON
...d'ogní bella d'amor.

SHARPLESS
...e un facile vangelo
che fa la vita vaga
me che intristisce il cor.

PINKERTON
Vinto sí tuffa
la sorte ríacciuffa.
Il suo talento
fa in ogní dove.
Cosi mi sposo
all'uso giapponese
per novecento
novantanove anni. Salvo
a prosciogliermi ogni mese.

SHARPLESS
E un facila vangelo.

PINKERTON
America forever.

SHARPLESS
Ameríca forever.
Ed è bella la sposa?

GORO
Una ghirlanda di fiori freschi
una stella dai raggi d'oro
E per nulla: sol cento yen.
Se Vostra Grazia mi comanda
ce n'ho un assortimento.

PINKERTON
Va, conducila Goro.

42. Es un evangelio fácil...

43. ...y con el amor de todas las bellezas.

44. ...es un evangelio fácil
que hace la vida placentera
pero que entristece el corazón.

45. Si es vencido, se hunde
y luego rehace su suerte.
Su talento
trabaja en todas partes.
Así me caso
a la usanza japonesa
por novecientos
noventa y nueve años. Pero libre
de anularlo cada mes.

46. Es un evangelio fácil.

47. América para siempre.

48. América para siempre.
Y es bella la esposa?

Oyendo, se adelanta

49. Una ghirlanda de flores frescas
una estrella de rayos de oro
y por nada, solo cien yenes.
Si vuestra gracia me lo ordena
tengo un arreglo.

50. Vé, tráela Goro.

SHARPLESS

Quale smania vi prende!
Sareste, addirittura cotto?

PINKERTON

Non so! non so! Dipende
dal grado di cottura!
Amore o grillo—
dir non saprei.
Certo costei m'ha colle ingenue
arti invescato.
Lieve qual tenue vetro soffiato
alla statura, al portamento
sembra figura da paravento.
Ma dal suo lucido fondo di lacca
come un subíto moto
si stacca; qual farfalleta
svolazza e posa
con tal grazietta silenziosa
che di rancorrerla
furor m'assale se pure infrangermi dovessi
l'ale.

SHARPLESS

Ler l'altro, il Consolato
sen'venne a visitar!
Io non la vidi,
ma l'udii parlar.
Di sua voce íl mistero
L'anima mi colpi.
Certo quando è sincer...
lámor, parla cosi.
Sarebbe gran peccato
le lievi ali strappar
e desolar forse un credulo cuor.
Quella divina mite vocína
non doverebbe dar note di dolor.

51. ¡Qué impaciencia tienes!
¡Has caído tanto?

52. ¡No lo sé! ¡No lo sé! ¡Depende
de qué tan grande es la caída!
Amor o capricho—
no sabría decirlo.
Seguramente con su modo ingenuo
me ha atrapado.
Tan ligera y delicada como vidrio soplado
su estatura, su porte
parece la figura de un biombo.
Pero de su brillante fondo de laca
con un súbito gesto
se levanta como mariposa
vuela y se posa
con tal gracia silenciosa
que quiero perseguirla
con tal deseo que temo romper sus alas.

53. Anteayer ella fué
a visitar el consulado!
Yo no la vi,
pero la oí hablar.
El misterio de su voz
impactó mi alma.
Ciertamente cuando es sincero...
el amor, así habla.
Sería un gran pecado
romper esas tiernas alas
y dejar desolado a un corazón creyente.
Esa divina y gentil vocecita
no debe dar notas de dolor.

PINKERTON
Console mío garbato
quetatevi! Sí sa
la vostra etá e di flebíle umor
non c'e gran male
s'ío vo quell'ale
drizzare ai dolci volí dell'amor.
Wisky?

SHARPLESS
Un altro bicchiere.
Bevo alla vostra famiglia lontana.

PINKERTON
E al giorno in cuí mi sposeró
con vere nozze
a una vera sposa americana.

GORO
Ecco! Son giunte
al sommo del pendío.
Giá del femmineo sciame
qual di vento in fogliame
s'ode il brusio.

VOCES DE MUCHACHAS
Ah! ah! Quanto cielo!
Quanto mar!

VOZ DE BUTTERFLY
Ancora un passo or vía.

VOCES DE MUCHACHAS
Come sei tarda.

VOZ DE BUTTERFLY
Aspetta.

VOCES DE MUCHACHAS
Ecco la vetta. Guarda,
guarda quanti fior!

54. ¡Mi amable cónsul
tranquilízate! Se sabe que a tu edad
se es quejumbroso
no tiene nada de malo
si yo quiero guiar esas alas
al dulce vuelo del amor.
¿Whisky?

55. Otro vaso.
Bebo por tu lejana familia.

56. Y por el día en que me case
en una boda de verdad
con una verdadera esposa americana.

Llega corriendo

57. ¡Ahí están! Han llegado
a la cima de la pendiente.
Ya podemos oír el femenino
murmullo como el viento
en el follaje.

58. ¡Ja! ¡Ja! ¡Todo este cielo!
¡Todo este mar!

59. Vengan solo un paso más.

60. Como eres lenta.

61. Espera.

62. Aquí está la cima. ¡Mira,
mira cuántas flores!

VOZ DE BUTTERFLY
Spira sui mare e sulla terra
un primaveril soffio giocondo.

63.
Sobre el mar y sobre la tierra
sopla una primaveral brisa.

SHARPLESS
O allegro cinguettar dí gioventú,

64.
Alegre parloteo de juventud.

VOZ DE BUTTERFLY
Io sono la fanciulla
piu lieta del Giappone,
anzi del mondo.
Amiche son venuta
al richiamo d'amor
d'amor venni alle soglie
ove s'accoglie il bene
di chi vive di chi muor.

65.
Yo soy la muchacha
más feliz del Japón,
y del mundo.
Amigos he venido
al reclamo del amor
he llegado al umbral del amor
en donde se acoge el bien
de quien vive y de quien muere.

VOCES DE MUCHACHAS
Gioia a te sia, dolce amica
ma pría di varcar
la soglia che t'attira
volgiti e mira
quanto cielo, quante fiori
quanto mar, mira
le cose tutte che tí son si care.

66.
Que la alegría sea tuya, dulce amiga
pero antes de cruzar
el umbral que te espera
voltea a mirar
cuanto cielo, cuantas flores
cuánto mar, mira
todas las cosas que te son queridas.

*Butterfly aparece con sus amigas, mira a los hombres, reconoce a Pinkerton
y se los señala a las muchachas y se arrodilla. Las amigas siguen su ejemplo.*

BUTTERFLY
Siam giunte
B. F. Pinkerton. Giu.

67.
Hemos llegado
B. F. Pinkerton. Abajo.

AMIGAS
Giu.

68.
Abajo.

BUTTERFLY
Gran ventura.

69.
Gran fortuna.

AMIGAS
Riverenza.

70.
Reverencia.

PINKERTON
E un po dura
la scalata?

BUTTERFLY
A una sposa costumata
piú penosa è l'ímpazienza.

PINKERTON
Molto raro complimento.

BUTTERFLY
Dei piu belli ancor ne so.

PINKERTON
Dei gioielli!

BUTTERFLY
Se vi è caro sul momento.

PINKERTON
Grazie, no.

SHARPLESS
Miss Butterfly...Bel nome,
vi stá a meraviglia.
Siete di Nagasaki?

BUTTERFLY
Signor si. Di famiglia
assai prospera un tempo.

Veritá?

AMIGAS
Veritá.

BUTTERFLY
Nessuno si confessa mai
nato in povertá
non c'è vagabondo
che a sentirlo son sia
di gran prosapia.

71.   ¿Es un poco dura
la subida?

72.   Para una esposa apropiada
mas penosa es la impaciencia.

73.   Qué cumplimiento tan raro.

74.   Conozco algunos más bellos.

75.   ¡Joyas!

76.   Si quieres, ahora mismo.

77.   No, gracias.

78.   Señorita Butterfly...Bello nombre,
te queda de maravilla.
¿Eres de Nagasaki?

79.   Sí señor. Mi familia
próspera en otro tiempo.

A las amigas.
¿Verdad?

80.   Es verdad.

81.   Ya nadie confiesa nunca
haber nacido en la pobreza
no hay un vagabundo
que no se sienta de
gran alcurnia.

BUTTERFLY (*continuato*)
Eppur connobi la richezza,
ma il turbine rovescia
le quercíe piú robuste...
e abbiam fatto la geisha
per sostenersi. Vero?

AMIGAS
Vero!

BUTTERFLY
Non lo nascondo
né m'adonto.
Ridete? Perché?
Cose del mondo.

PINKERTON
Con quel fare di bambola
quando parla m'infiamma.

SHARPLESS
Ed avete sorelle?

BUTTERFLY
Non signore, ho la mamma.

GORO
Una nobile dama.

BUTTERFLY
Ma senza farle torto,
povera molto anch'essa.

SHARPLESS
E vostro padre?

BUTTERFLY
Morto!

SHARPLESS
Quant'anni avete?

BUTTERFLY
Indovínate.

(*continuó*)
Y todavía yo conocí la riqueza,
pero el torbellino arranca
al roble más robusto...
y nos convertimos en geishas
para sostenemos. ¿Verdad?

82. ¡Es verdad!

83. No lo oculto
ni me apeno.
¿Te ríes? ¿Por qué?
Cosas del mundo.

84. Con sus modos de muñeca
cuando habla me enciende.

85. ¿Y tienes hermanas?

86. No señor, tengo a mi mamá.

87. Una noble dama.

88. Pero sin ofenderla,
ella es muy pobre.

89. ¿Y tu padre?

90. ¡Muerto!

91. ¿Cuántos años tienes?

92. Adivina.

SHARPLESS
Dieci.

93.   Diez.

BUTTERFLY
Crescete.

94.   Auméntale.

SHARPLESS
Venti.

95.   Veinte.

BUTTERFLY
Calate.
Quindici netti, netti.
Sono vechia diggiá.

96.   Bájale.
Quince exactos, exactos.
Ya soy vieja.

SHARPLESS
Quindici anni.

97.   Quince años.

PINKERTON
Quincici anni.

98.   Quince años.

SHARPLESS
L'etá de giuochi...

99.   La edad de los juegos...

PINKERTON
...e dei confetti.

100.   ...y de los dulces.

GORO
L'Imperial Commissario
l'Ufficíale del registro,
i congiunti.

101.   El Comisario Imperial
el Oficial del registro,
y los familiares.

PINKERTON
Fate presto

102.   Apresúrense

Goro corre hacia dentro de la casa. Pinkerton habla aparle con el Cónsul.

Che burletta la sfilata
della nuova parentela!

¡Qué burla el desfile
de la nueva parentela!

UNA PRIMA
Goro l'offri pur anco a me,
ma s'ebbe un no!

(A Butterfly)
103.   ¡Goro, también me lo, ofreció a mí,
pero la respuesta fue: un no!

BUTTERFLY
Si...giusto tu...

104.   Si...justamente a ti...

MADRE, TIA, PARIENTES, AMIGOS
Mi pare un re
vale un Perù.
In verità bello è cosi
che non si puó sognar di piú.

PRIMA, OTROS, PARIENTES, AMIGOS
Bello non é in veritá!
Divorzierá. Spero di si.

TIO YAKUSIDÉ
Vino c'è né?
Guardiamo un pó.
Ne vidi gia,
color di thé, e chermisí.

GORO
Per caritá taceta un pó.
Sch! sch! sch!

SHARPLESS
O amico fortunato!...
O fortunato Pinkerton!
Che in sorte v'è toccato
un fior pur or sbocciato!
Non piú bella e d'assai fanciulla
io vidi mai di questa Butterfly.

PINKERTON
Si, è vero, è un fiore, un fiore!
L'esotico suo odore
m'ha il cervello sconvolto.
E un fiore, un fiore,
e in fede mia l'ho colto!

PARIENTES Y AMIGAS
Ei l'offri pur anco a me
ma rísposi non lo vó.

OTROS
Egli é bel, mi par un re!
Non avrei risposto no!

105. Parece un rey
y tiene una fortuna.
En verdad es tan guapo
que no se puede soñar en algo más.

106. ¡En verdad no es guapo!
Él se divorciará. Espero que sí.

107. ¿No hay vino?
Miremos un poco.
Ya vi,
color de té y carmesí.

108. Por carídad, cállate.
¡Sch! ¡sch! ¡sch!

109. ¡Oh amigo afortunado!...
¡Oh afortunado Pinkerton!
¡Qué suerte te ha tocado
una flor que apenas se abre!
Nunca había visto una muchacha
más bella que ésta Butterfly.

110. ¡Sí, es verdad, es una flor, es una flor!
Su aroma exótico
ha conmocionado mi cerebro.
¡Es una flor, una flor,
y a fé mía yo la escogí!

111. Él también me la ofreció también,
pero respondí no la quiero.

112. ¡El es guapo, parece un rey!
¡Yo no hubiera respondido: no!

PARIENTES Y AMIGAS
Senza tanto rícercar
Io ne trovo dei miglior
e gli diró un bel no.

113. Sin buscar mucho
yo puedo encontrar algo mejor
y le diría un bello no.

OTROS
No, mia cara, non mipar,
è davvero un gran signor.

114. No querida mía, no me parece,
es deveras un gran señor.

SHARPLESS
E se a voi sembran scede
il patto e la sua fede,
badate, ella cí crede.

115. Y si te parece que éste pacto
y su fé son falsos,
mira, ella si lo cree.

BUTTERFLY
Mamma, vien qua.
Badate a me
attenti, orsu,
uno, due, tre,
e tutti giú.

116. Mamá, ven aquí.
Miren me todos
listos, ahora
uno, dos, tres,
y todos abajo.

PINKERTON
Vieni, amor mío!
Ti piace la casetta?

117. ¡Ven, amor mío!
¿Te gusta la casita?

BUTTERFLY
Signor F. B. Pinkerton, perdano...
io vorrei... pochí oggetti
da donna...

118. Señor F. B. Pinkerton, perdóneme...
yo quisiera... pocos objetos
de mujer...

PINKERTON
Dove sano?

119. En dónde están?

BUTTERFLY
Sono qui, vi dispiace?

120. (Señala su manga)
¡Están aquí, te molesta?

PINKERTON
O perché mai
mia bella Butterfly?

121. ¿Y porque
mi bella Butterfly?

BUTTERFLY
Fazzoletti...la pipa...
una cintura...un piccolo fermaglio
uno specchio, un ventaglío.

122. (Saca los objetos.)
Pañuelos...una pipa
una cinta...un pequeño broche
un espejo, un abanico.

PINKERTON
Quel barattolo?

123. ¿Aquel jarrón?

BUTTERFLY
Un vaso di tintura.

124. Un frasco de tintura.

PINKERTON
Ohibó.

125. Ajá.

BUTTERFLY
Vi spiace?
Via.

126. *(Lo arroja lejos)*
¿Te molesta?
Largo.

PINKERTON
E quello?

127. *(Señala un largo lienzo.)*
¿Y eso?

BUTTERFLY
Cosa sacra e mia.

128. Algo sagrado para mí.

PINKERTON
E non si puó vedere?

129. ¿Y no se puede ver?

BUTTERFLY
C'e troppa gente.
Perdonate.

130. Hay mucha gente.
Perdóname.

GORO
E un presente del Mikado,
a suo padre...coll'invito.

131. *(En voz baja a Pinkerton.)*
Es un presente del Mikado,
a su padre...con la invitación.

Hace la señal de abrirse en vientre.

PINKERTON
E suo padre?

132. ¿Y su padre?

GORO
Ha obbedito.

133. Obedeció.

Saca unas estatuillas de su manga.

BUTTERFLY
Gli Ottoké.

134. Ei Ottoké.

PINKERTON
Quei pupazzi?
Avete detto?

135. ¿Esas muñecas?
¿Qué has dicho que son?

BUTTERFLY
Son l'aníme degli avi.

PINKERTON
Ah! Il mio rispetto.

BUTTERFLY
Ieri son salita tutta sola
in segretto alla Missione.
Colla nuova mia vita
posso adottare nuova religione.
Io zío bonzo nol sa,
né miei lo sanno.
Io seguo il mo destino
e piena d'umiltá
al Dio del signor Pinkerton
m'ínchino.
E mio destino.
Nella stessa chiesetta
in ginocchio con voi
pregheró lo stesso Dio.
E per farvi contento potró forse
obliar la gente mía.
Amore mío!

GORO
Tutti zitti!

EL COMISIONADO
E concesso al nominato
Benjamín Franklin Pinkerton
Luogotenente della cannioniera Lincoln
marina degli Stati Uniti,
America del Nord,
ed ella damigella Butterfly,
del quartiere d'Omara, Nagasaki
d'unírsi in matrimonio,
per dritto il primo
della propría volontá.
Ed ella per consenso dei parenti
qui testimoni all'atto...

136. Son las almas de mis ancestros.

137. ¡Ah! Mi respeto.

138. Ayer subí yo sola
en secreto a la Misión.
Con mi nueva vida
puedo adoptar una nueva religión.
El tío Bonzo no lo sabe,
ni los míos lo saben.
Yo sigo mi destino
y llena de humildad
al Dios del señor Pinkerton
me inclino.
Es mi destino.
En la misma iglesia
me arrodillo contigo
y rezaré al mismo Dios.
Y para tenerte contento quizá pueda
olvidar a mi gente.
¡Amor mío!

139. ¡Todos callados!

140. Se le concede al nombrado
Benjamín Franklin Pinkerton
Teniente de la cañonera Lincoln
de la Marina de los Estados Unidos,
América del Norte,
ya la señorita Butterfly,
de la Sección de Omara, Nagasaki
el unirse en matrimonio,
por derecho del primero
y por su propia voluntad.
Y ella con el consentimiento de sus
    familiares
que aquí testimonian el acto...

Les indica en donde firmar.

GORO
Lo sposo.
Poi la sposa.
E tutto è fatto.

AMIGAS
Madama Butterfly.

BUTTERFLY
Madama F. B. Pínkerton.

EL COMISIONADO
Augurí molti.

PINKERTON
I miei ringraziamenti.

EL COMISIONADO
Il signor Console scende?

SHARPLESS
L'accompagno.
Ci vedrem domani.

PINKERTON
A meraviglia.

OFICIAL DEL REGISTRO
Posteritá.

PINKERTON
Mi proveró.

SHARPLESS
Giudizio!

PINKERTON
Ed eccocí in famiglia.
Sbrighiamoci al piu presto
in modo onesto.
Ip! Ip!

141. El esposo.
Después la esposa.
Y todo está hecho.

142. Madam Butterfly.

143. Madam F. B. Pinkerton.

144. Congratulaciones.

145. Mi agradecimiento.

146. ¿El señor Cónsul va hacia abajo?

147. Lo acompaño.
(*A Pinkerton.*)
Nos veremos mañana.

148. Muy bien.

149. Que tengan muchos niños.

150. Tomaré providencias.

151. ¡Ten juicio!

152. He aquí solo la familia.
Concluyamos lo más pronto
posible de la mejor manera.
¡Hip! ¡Hip!

Levanta su copa.

PARIENTES
O Kami! O Kami!

153. ¡O Kami! ¡O Kami!

PINKERTON
Beviamo
ai novissimi legami.

154. Bebamos
por la nueva unión.

Súbitamente aparece un terrible personaje.
Es el Bonzo que llega furioso y amenazando con gestos a Butterfly.

BONZO
Cio-Cio-San
Abbominazione!

155. ¡Cho-Cho-San
Abominación!

BUTTERFLY y PARIENTES
Lo zío, Bonzo!

156. ¡El tío, Bonzo!

GORO
Un como al gusatafeste!
Chi si leva d'intorno
le persone moleste?

157. ¡Un cuerno al aguafiestas!
¿Quien nos libra
de ésta persona molesta?

BONZO
Cio-Cio-San! Che hai fatto
alla Missione?

158. ¡Cho-Cho-San! ¿Que le has hecho
a la Misión?

TODOS
Rispondi Cio-Cio-San!

159. ¡Responde Cho-Cho-San!

PINKERTON
Che mi strilla
quel matto?

160. ¿Por qué grita
ese loco?

BONZO
Rispondi, che hai tu fatto?
Come, hai tu gli occhi asciutti?
Son dunque questi i frutti?
Ci ha rinnegati tutti.

161. ¿Responde, qué has hecho?
¿Como es que tienes tus ojos secos?
¿Son entonces éstos los frutos?
¡Has renegado de todos nosotros!

TODOS
Hou! Cio-Cio-San!

162. ¡Oh! ¡Cho-Cho-San!

BONZO
Rinnegato vi díco...
il culto antico.

163. Has renegado, te digo...
al antiguo culto.

TODOS
Hou! Cio-Cio-San!

BONZO
Kami Sarundasico!
All'anima tua guasta
qual suplizio sovrasta!

PINKERTON
Ehi, dico, basta, basta!

BONZO
Venite tutti
Andiamo!
Ci hai rínnegato e noí...

OTROS
...ti rinneghiamo!

PINKERTON
Sbarazzate all'istante
in casa mia niente baccano
e niente bonzeria.

TODOS
Hou! Cio-Cio-San!
Kamí Sarundasico
Hou! Cio-Cio-San!
Ti rinneghiamo!

PINKERTON
Bimba, bimba, non píangere
per gracchiar di ranocchi.

PARIENTES
Hou! Cio-Cio-San!

BUTTERFLY
Urlano ancor!

164. ¡Oh! ¡Cho-Cho-San!

165. ¡Kami Sarundasico!
¡Qué terrible castigo
amenaza a tu ruinosa alma!

166. ¡Hay, ya, basta, basta!

167. ¡Vengan todos
Vamos!
¡Ha renegado y nosotros...

168. ...renegamos de ti!

169. Váyanse en éste instante
en mi casa no se escandaliza
y no aceptamos las bonzerías.

Se retiran.

170. ¡Oh! ¡Cho-Cho-San!
Kami Sarundasico
¡Oh! ¡Cho-Cho-San!
¡Renegamos de ti!

171. Niña, niña, no llores
por el croar de las ranas.

A lo lejos.

172. ¡Oh! ¡Cho-Cho-San!

173. ¡Todavia gritan!

PINKERTON
Tutta la tua tribu
e i Bonzi tutti del Giappon
non valgono il pianto
di quegli occhi cari e belli.

BUTTERFLY
Davver?
Non piango piú.
E quasí del ripudio
non mi duole
per le vostre parole
che mi suonan cosí dolci nel cor.

Le besa la mano.

PINKERTON
Che fai? La man?

BUTTERFLY
M'han detto che laggiú
fra la gente costumata
è questo il segno
del maggior rispetto.

Dentro de la casa.

SUZUKI
E Izaghi ed Izanami Sarundasico
e Kami e lzaghi ed Izanami
Sarundasico e Kami.

PINKERTON
Chi brontola lassú?

BUTTERFLY
E Suzuki che fá
la sua preghiera sera!

PINKERTON
Viene la sera.

BUTTERFLY
E l'ombra e la quiete.

174. Toda tu tribu
y todos los Bonzos del Japón
no valen tu llanto
de tus ojos queridos y bellos.

175. ¿Deveras?
Ya no lloro más.
Y ya casi el repudio
no me duele
por tus palabras
que me suenan dulces al corazón.

176. ¿Qué haces? ¿La mano?

177. Me han dicho que ahí
entre la gente de buenas costumbres
ésta es la señal
del mayor respeto.

178. Y Izaghi y Izanami Sarundasico
y Kami, y Izaghi y Izanami
Sarundasico y Kamí.

179. ¿Quién refunfuña ahí?

180. ¡Es Suzuki que dice
su plegaria vespertina!

181. Llega la noche.

182. Y la obscuridad y la quietud.

PINKERTON
E sei qui sola.

183.   Y estás aquí sola.

BUTTERFLY
Sola e rinnegata!
Rinnegata...e felice!

184.   ¡Sola y renegada!
¡Renegada...y feliz!

Palmea y los sirvientes corren hacia afuera.

PINKERTON
A voi chiudete.

185.   Salgan ustedes.

BUTTERFLY
Si, si, noi tutti soli...
e fuori il mondo...

186.   Si, si, nosotros solos...
y el mundo afuera...

PINKERTON
E il Bonzo furibondo!

187.   ¡Y el Bonzo furibundo!

BUTTERFLY
Suzuki, le mie vesti.

188.   Suzuki, mi bata de noche.

Suzuki trae una bata blanca, la ayuda a ponérsela y sale.

SUZUKI
Buona notte.

189.   Buenas noches.

BUTTERFLY
Quest'obi pomposa
di sciogler mi tarda...
si vesta la sposa
di puro candor.
Tra motto sommessi
sorride e mi guarda.
Celarmi potessi!
Ne ho tanto rossor!
E ancor l'irata voce
mi maledice...
Butterfly rinnegata,
rinnegata...e felice.

190.   Esta ceremonia obi
de desenvolverme me retrasa...
la esposa debe ser vestida
de inocente blanco.
Entre murmullos
sonríe y me mira.
¡Si pudiera esconderme!
¡Estoy enrojecida de pena!
Y aun esa voz iracunda
me maldice...
Butterfly renegada,
renegada...y feliz.

PINKERTON

Con motí discojattolo
i nodi allenta e scioglie!
Pensar che quellgiocattolo
è mia moglie! Mia moglie!
Ma tal grazia dispiega
chío mi struggo
per la febbre
d'un subita desío.

191.

¡Con movimientos de ardilla
los nudos aflojan y desata!
¡Pensar que ese juguete
es mi mujer! ¡Mi mujer!
Pero esa gracia hace
que yo me consuma
por la fiebre
de un súbito deseo.

Pinkerton se acerca a Butterfly, que ha terminado de vestirse.

Bimba dagli occhí pieni di malia
ora sei tutta mía.
Sei tutta vestíta di giglio
Mi piace la treccía tua bruna
fra candidi veli.

Niña con los ojos plenos de magia
ahora eres toda mía.
Estás toda vestida de blanco
Me gusta tu cabellera obscura
entre velos blancos.

BUTTERFLY

Somiglio la Dea della luna,
la picco la Dea della luna
che scende la notte
dal ponte del ciel.

192.

Me parezco a la diosa de la luna,
la pequeña diosa de la luna
que desciende en la noche
por el puente del cielo.

PINKERTON

E affascina i cuorí...

193.

Y fascina los corazones...

BUTTERFLY

...e li prendí e li avvolge
in un bianco mantel.
E vía se il reca
negli altí reramí.

194.

...y los toma y los envuelve
en un blanco manto.
Y entonces ella se los lleva
a los altos reinos.

PINKERTON

Me intanto finor non m'hai detto
ancor non m'hai detto
che m'ami.
Le sa quella Dea le parole
che appagan gli ardenti desir?

195.

Pero mientras tanto no me has dicho
aun no me has dicho
que me amas.
¿Esa diosa sabe las palabras
que apagan los deseos ardientes?

BUTTERFLY

Le sa. Forse dire non vuole
per tema d'averne a morir,
per tema d'averne a morir!

PINKERTON

Stolta paura,
l'amor non uccide,
ma dá vita,
e sorride par gioie celestiali
come ora fa
nei tupoi lunghi occhi ovali.

BUTTERFLY

Adesso voi siete per me
l'occhío del firmamento
E mi piaceste dal primo momento
che vi ho veduto.
Siete alto, forte.
Ridete con modi si palesi!
E dite cose
che mai non intesi
or so contenta
or so contenta.
Vogliatemi bene, un bene piccolino,
un bene di bambino
quale a me si conviene.
Noi siamo gente avvezza
alle piccole cose,
umili e silenzíose,
ad una tenerezza sfiorante
e pur profonda come il cíel,
come l'onda del mare.

PINKERTON

Dammi ch'io baci
le tue mani care
mia Butterfly!
Come t'han ben nomata
tenue farfalla...

196. Las sabe. ¡Quizás no quiere decirlas
por temor de morir al decirlas
por temor de morir al decirlas!

197. Tonto miedo,
el amor no mata,
pero da vida,
y sonríe en alegría celestial
como lo hace ahora
en tus largos ojos ovales.

198. Ahora tu eres para mí
los ojos del firmamento
y me gustaste desde el primer momento
en que te vi.
Eres alto y fuerte.
¡Ríes abiertamente!
Y dices cosas
que nunca había oído
ahora estoy contenta
ahora estoy contenta.
Quiéreme un poco, con un pequeño amor,
un amor de niño
como a mí me gusta.
Somos gente acostumbrada
a las pequeñas cosas,
humildes y silenciosas,
a una ternura que apenas te toca
y tan profunda como el cielo,
y como las olas el mar.

199. ¡Dame tus manos
para besarlas
mi Butterfly!
Que bien te han llamado
tenue mariposa...

BUTTERFLY

Dicon ch'oltre mare
se cae in man dell'uom
ogní farfalla d'uno spillo
è traffita.
Ed in tavola infitta!

PINKERTON

Un pó di vero c'e
e tu lo saí perché
perché non fugga píu.
Io t'ho ghermita...
ti serro palpitante
sei mia.

BUTTERFLY

Sí, per la vita.

PINKERTON

Vieni, víeni...
Via dall'anima in pena
l'angoscia paurosa.
E notte serena! Guarda:
Dormí ogni cosa!
Seí mía! Ah! Vien!

BUTTERFLY

Ah! Dolce notte! Quante stelle!
Non le vidi mai si belle!
Trema, brilla ogni favilla
col baglior d'una pupilla.
Oh! Quanti occhi fisi, attenti
dógni parte a riguardar!
Peí firmamenti, via pei lidi
via pel mare...ríde il ciel!
Ah! Dolce notte!
Tutto estatico d'amor,
ríde il ciel!

200. Ellos dicen que si el mar
cae en manos del hombre
todas las mariposas son atravesadas
por un alfiler.
Y fijada a una mesa!

201. Hay un poco de verdad en eso
y tú sabes porqué
para que ya no huya más.
Yo te he atrapado...
te encierro palpitante
eres mía.

202. Si por toda la vida.

203. Ven, ven...
Quita de tu alma la pena
la angustia dolorosa.
¡Es noche serena! Mira:
¡Todo está dormido!
¡Eres mía! ¡Ah! ¡Ven!

204. ¡Ah! ¡Dulce noche! ¡Cuánta estrella!
¡Nunca las había visto tan bellas!
Tiemblan, y todas brillan
como el destello de una pupila,
¡Oh! ¡Cuántos ojos fijos mirándonos
de todas partes!
¡Por el firmamento, por las playas
por el mar...ríe el cielo!
¡Ah! ¡Dulce noche!
¡Todo estático de amor,
ríe el cielo!

Acto Segundo

Dentro de la casa de Butterfly.

Suzuki está rezando frente a una estatua de Buda, haciendo sonar periódicamente una campanilla, erecta e inmóvil está Butterfly cerca de una mampara.

SUZUKI

E Izaghi e Izanami
Sarundasico e Kami...
Oh! La mia testa!
E tu Ten Sjoo daj!
Fate che Butterfly
non pianga piú, mai piú,
mai piú...

205.

E Izaghi e Izanami
Sarundasico y Kami...
¡Oh! ¡Mi cabeza!
¡Y tu Ten Sjoo daj!
Hagan que Butterfly
no llore mas, no mas,
nunca mas...

BUTTERFLY

Pigri ed obesi
son gli Dei giapponesi!
L'americano Iddio,
son persusasa,
ben piú presto, risponde
a chi l'implori.
Ma temo che egli ignori
che noi siam qui di casa.
Suzuki...
è lungi la miseria?

206.

¡Flojos y obesos
son los dioses japoneses!
El dios americano,
estoy convencida,
bien que muy rápido responde
a quien le implora.
Pero temo que él ignora
que estamos aquí en ésta casa.
¿Suzuki...
está lejos la miseria?

Suzuki abre una pequeña mesa, saca unas pocas monedas y las muestra a Butterfly.

SUZUKI

Questo è l'ultimo fondo.

207.

Es todo lo que queda.

BUTTERFLY

Questo?
Oh! Troppe spese!

208.

¿Esto?
¡Oh! ¡Gastamos mucho!

SUZUKI
S'egli non torna e presto,
siamo male in arnese.

BUTTERFLY
Ma torna.

SUZUKI
Tornerá?

BUTTERFLY
Perché dispone che
il Console provveda alla pigione?
Risponde su!
Perché con tante cure
la casa riforni di serrature,
s'ei non volese ritornar mai pii?

SUZUKI
Non lo so.

BUTTERFLY
Non lo sai?
Io te lo dico:
per tener ben fuori le zanzare
i parenti e i dolori,
e dentro, con gelosa custodia
la sua sposa—
la sua sposa che son io, Butterfly!

SUZUKI
Mai non s'è udito
di straniero marito
che sia tornato al suo nido.

BUTTERFLY
Ah! Taci, o t'uccído.
Quell'ultima mattina:
Tornerete signor?

209. Si el no regresa pronto,
estaremos muy mal.

210. Pero regresará.

211. ¿Regresará?

212. ¿Por qué entonces ha dispuesto que
el Cónsul pague la renta?
¡Responde!
¿Porqué con tanto cuidado
reforzó la casa con cerraduras,
si el no quisiera regresar mas?

213. No lo sé.

214. ¿No lo sabes?
¡Yo te lo diré:
para tener afuera los mosquitos
los parientes y los dolores,
y dentro en celosa custodia
a su esposa—
su esposa que soy yo, Butterfly!

215. Pero no se ha oído
de ningún marido extranjero
que haya regresado a su nido.

216. ¡Ah! Calla o te mato.
¿Aquella última mañana:
Regresarás señor?

BUTTERFLY (*continuato*)
Gli domandai
egli col cuore grosso,
par celami la pena
sorrídendo ríspose: O Butterfly
piccina mogliettina
torneró colle rose
alla stagion serena
quando fá la nidata
íl pettirosso.
Tornerá.

SUZUKI
Speriam.

BUTTERFLY
Dillo con me:
Tornerá.

SUZUKI
Tornerá.

BUTTERFLY
Píangi? Perché? Perché
ah la fede ti manca.
Senti:
Un bel di vedremo
levarsi un fil di fumo
sull'estremo confin del mare.
e poí, la nave appare.
Poi la nave bíanca
entra nel porto, romba
il suo saluto. Vedi?
E venuto!
Io son gli scendo incontro.
Io no. Mi metto lá
sul ciglio dell colle e aspetto,
e aspetto gran tempo
e non mi pesa la lunga attesa.
E...uscito dalla folla citadina
un uom, un picciol punto
s'avvía per la collina.

(*continuó*)
Le pregunté
el con su corazón inflamado,
para esconderme su pena
sonriente respondió: Oh Butterfly
pequeña mujercita
regresaré con las rosas
en la estación serena
cuando hacen sus nidos
los petirrojos.
Regresaré.

217.   Esperemos.

218.   Dilo conmigo:
Regresará.

219.   Regresará.

220.   ¿Lloras? ¿Por qué? Porque
te falta la fé.
Escucha:
Un bello día veremos
levantarse un hilo de humo
en el lejano confín del mar
y después la nave aparece.
Después la nave blanca
entra en el puerto, suena
su saludo. ¿Ves?
¡Ha llegado!
Yo no bajo a encontrarlo.
Yo no. Me quedo aquí
en la orilla de la colina y espero,
y espero mucho tiempo
y no me pesa la larga espera.
Y...sale del gentío citadino
un hombre, un pequeño punto
sube por la colina.

BUTTERFLY (*continuato*)
Chi sará? Chi sará?
E come sará giunto
che dirá? Che dira?
Chiamerá Butterfly
dalla lontana.
Io senza dar risposta
me ne saró nascosta,
un pó per celia
e un pó per non morir
al primo incontro,
ed egli alquanto in pena
chiamerá, chiamerá
piccina mogliettina,
olezzo di verbena
i nomi che mi dava
al suo venire.
Tutto qusto averrá,
te lo prometto.
Tienti la tua paura
io consicura fede l'aspetto.

(*continuó*)
¿Quién será? ¿Quien será?
¿Y cuando él llegue
qué dirá? ¿Que dirá?
Me llamará Butterfly
desde la lejanía.
Yo sin dar respuesta
estaré escondida,
un poco para jugar
y un poco por no morir
al primer encuentro,
y él algo apenado
me llamará, me llamará
pequeña mujercita,
fragancia de verbena
el nombre que me daba
cuando él llegó.
Todo esto pasará,
te lo prometo.
Guarda tu miedo
yo con segura fé lo espero.

Ella despide a Suzuki, que se aleja. Sharpless y Goro aparecen en el jardín.

GORO
C'e. Entrate.

221. Ahí está. Entra.

SHARPLESS
Chiedo scusa...
Madama Butterfly.

222. Mis disculpas...
Madam Butterfly.

BUTTERFLY
Madama Pinkerton. Prego.
Oh! Il mío signor Console,
signor Console!

223. Madam Pinkerton. Por favor.
¡Oh! ¡Señor Cónsul,
señor Cónsul!

SHARPLESS
Mi ravvisate?

224. ¿Me reconoce?

BUTTERFLY
Ben venuto
in casa amerícana.

225. Bienvenido
a una casa amerícana.

SHARPLESS
Grazie.

226. Gracias.

BUTTERFLY
Avi, antenati
tutti bene?

227. ¿Tus padres y ancestros
están bien?

SHARPLESS
Ma, spero.

228. Así lo espero.

BUTTERFLY
Fumate?

229. ¿Fuma?

Le hace señas a Suzuki para que prepare una pipa.
Sharpless saca una carta de su bolsillo.

SHARPLESS
Grazie.
Ho quí...

230. Gracias.
Aquí tengo...

BUTTERFLY
Signore io vedo
il cielo azzurro.

231. Señor, yo veo
el cielo azul.

Rehúsa la pipa que le ofrece Suzuki.

SHARPLESS
Grazie, ho...

232. Gracias, tengo...

BUTTERFLY
Preferite forse le sigarette americane?

233. ¿Quizás prefiere los cigarrillos americanos?

Acepta uno.

SHARPLESS
Grazie,
Ho da mostrarví...

234. Gracias,
tengo que mostrarte...

Le enciende el cigarillo.

BUTTERFLY
A voi.

235. Aquí.

SHARPLESS
Mi scrisse Benjamin Franklin
Pinkerton.

236. Me escribió Benjamín Franklin
Pinkerton.

BUTTERFLY
Davvero?
E in salute?

SHARPLESS
Perfetta.

BUTTERFLY
Io son la donna
piú lieta del Giappone.
Potrei farvi una domanda?

SHARPLESS
Certo.

BUTTERFLY
Quando fanno il lor nido
in America i pettirossi?

SHARPLESS
Come díte?

BUTTERFLY
Si...prima
o dopo di qui?

SHARPLESS
Ma...perché?

BUTTERFLY
Mio marito m'ha promesso
di ritornar nella stagion beata
che il pettirosso rifá le nidata.
Qui l'ha rifatta
per ben tre volte, ma puó darsi
che di lá usi nidiar men spesso.
Chi ride?

Oh, c'è il nakodo.
Un uom cattivo.

GORO
Godo...

237. ¿Deveras?
¿Esta con salud?

238. Perfecta.

239. Yo soy la mujer
más feliz de Japón.
¿Puedo hacerla una pregunta?

240. Si.

241. ¿Cuándo hacen sus nidos
en América los petirrojos?

242. ¿Qué dices?

243. ¿Si...antes
o después que aquí?

244. ¿Pero...porque?

245. Mi marido me ha prometido
regresar en la estación dichosa
en que el petirrojo rehace su nido.
Aquí la ha hecho
tres veces, pero puede ser
que allá aniden con menos frecuencia.
¿Quien se ríe?

Se voltea y vé a Goro.

Oh, aquí está el nakodo.
Un hombre malvado.

246. Disfruto...

BUTTERFLY
Zitto.

247. Calla.

A Sharpless.

Eglí osó...
No, prima rispondete
alla domanda mía.

El osó...
No, primero responde
a mi pregunta.

SHARPLESS
Mi rincresce,
ma ignoro...
Non no studiato orintologia.

248. Lo siento pero,
lo ignoro...
No he estudiado ornitología.

BUTTERFLY
Orni...

249. Orni...

SHARPLESS
...tologia.

250. ...tologia.

BUTTERFLY
Non ho sapete insomma.

251. En suma, no lo sabes.

SHARPLESS
No. Dicevamo...

252. No. Decíamos...

BUTTERFLY
Ah, si Goro, appena
F. B. Pinkerton fu in mare
mi venne ad assediare
con ciarle e con presentí
per ridarmi ora questo,
or quel marito.
Or promete tesori
par uno scimunito...

253. Ah, si Goro, en cuanto
F. B. Pinkerton salió al mar
me vino a asediar
con charla y con presentes
para darme ahora éste,
o aquel marido.
Ahora promete tesoros
por un idiota...

GORO
Il rícco Yamadori.
Ella è povera in canna.
I suoí parenti l'han tutti
rinnegata.

254. El rico Yamadori.
Ella es muy pobre.
Sus parientes han todos
renegado de ella.

Yamadori llega al jardín con sus sirvientes.

43

BUTTERFLY
Eccolo. Attenti.
Yamadori...
ancor le pene dell'amor
non v'han deluso?
Vi tagliate ancor le vene
se il mío bacío vi ricuso?

YAMADORI
Tra le cose píú moleste
è l'inútil sospirar.

BUTTERFLY
Tante moglie omai toglieste
vi dovreste abítuar.

YAMADORI
L'ho sposate tutte quante
e il divorzio mi francó.

BUTTERFLY
Obbligata.

YAMADORI
A voi peró giurerei
fede costante.

SHARPLESS
(Il messaggio, ho gran paura,
a trasmetter non riesco.)

GORO
Ville, servi, oro ad Omara
un palazzo principesco.

BUTTERFLY
Gié legata è la mia fede.

GORO y YAMADORI
Maritata ancor si crede.

255.   Ahí está. Observen.
¡Yamadori...
todavía no te han desilusionado
las penas del amor?
¿Vas todavía a cortar tus venas
si te niego mis besos?

256.   Entre las cosas mas molestas
está el inútil suspirar.

257.   Te has librado de tantas esposas
que debes de estar habituado.

258.   Me casé con ellas y de todas
me divorcié.

259.   Me honras.

260.   A ti sín embargo te juraré
fidelidad eterna.

261.   (Tengo mucho miedo de
tramitir el mensaje.)

A Sharpless indicando a Yamadori.

262.   Villas, sirvientes, oro en Omara
un palacio principesco.

263.   Mi palabra ya está dada.

A Sharpless.

264.   Creé que todavía está casada.

BUTTERFLY
Non mi credo, sono, sono.

GORO
Ma la legge...

BUTTERFLY
Io non la so.

GORO
Per la moglia, l'abbandono
al divorzio equiparó.

BUTTERFLY
La legge giapponese...
non giá del mío paese.

GORO
Quale?

BUTTERFLY
Gli Stati Uniti.

SHARPLESS
(Oh infelice)

BUTTERFLY
Si sa che aprír la porta
e la moglie cacciar
per la piu corta
quí divorziar si dice.
Ma in América questo non si puó—

Vero?

SHARPLESS
Vero...Peró...

265. No me creo, lo estoy, lo estoy.

266. Pero la ley...

267. Yo no la conozco.

268. Para la mujer, el abandono
es equivalente al divorcio.

269. La ley japonesa...
no es la de mí país.

270. ¿Cuál?

271. Los Estados Unidos.

272. (Pobrecita)

273. Se sabe que abrir la puerta
y arrojar fuera a la mujer
sin dudaría
aquí se le llama divorcio.
Pero en América esto no se puede hacer—

A Sharpless.

¿Verdad?

274. Es verdad...Sin embargo...

45

BUTTERFLY
La un bravo jiudice serio
impettito dice al marito:
Lei vuol andarsene?
sentiam perché?
"Sono seccato
del coniugato!"
E íl magistrato:
Ah, mascalzone,
presto in prigione.
Suzuki, il thé.

275.

Allá un buen juez serio
dignificado dice al marido:
¿Usted, quiere irse?
¿Oigamos porque?
"Estoy aburrido
del matrimonio!"
Y el magistrado:
Ah, sinvergüenza,
rápido a la cárcel.
Suzuki, el té.

A Sharpless.

YAMADORI
Udiste?

276.

¿Oíste?

SHARPLESS
Mi rattrísta una si piena
cecitá.

277.

Me entristece tanta
ceguera.

GORO
Segnalata è giá.
la nave dí Pinkerton.

278.

Ya se avistó
la nave de Pinkerton.

YAMADORI
Quand'essa lo riveda...

279.

Cuando ella lo vuelva a ver...

SHARPLESS
Egli non vuol mostrarsi.
Io venni apputo
per levaría d'inganno...

280.

El no quiere aparecerse.
Yo vine con el propósito
de libraría del engaño...

BUTTERFLY
Vostra Grazia permette...

281.

Me permite Su Gracia...

Ofrece té a Sharpless, luego a Yamadori que no lo acepta y se levanta para marcharse.

Che persone moleste!

¡Qué persona tan molesta!

YAMADORI
Addio. Vi lascio
il cuor pien di cordoglio,
ma spero ancor...

282.

Adiós. Te dejo
con mi corazón lleno de pena
pero aun espero...

46

BUTTERFLY
Padrone.

283.   Puede retirarse.

YAMADORI
Ah, se voleste...

284.   Ah, si quisieras...

BUTTERFLY
Il guaio è che non voglio...

285.   El problema es que no quiero...

SHARPLESS
Ora a noi
sedete qui. Legger con me
voleste questa lettera?

286.   Ahora que estamos solos
siéntate aquí. ¿Quieres leer conmigo
ésta carta?

La toma, la besa y se le dá al Cónsul.

BUTTERFLY
Date, sulla boca, sul cuore...
siete l'uomo migliore del mondo.
Incominciate.

287.   Dámela, en mi boca, en mi corazón...
eres el mejor hombre del mundo.
Comienza.

SHARPLESS
Amico, cercherete
quel bel fior di fanciulla...

288.   Amigo, busca
a aquella muchacha bella como una flor...

BUTTERFLY
Dice proprio cosi?

289.   ¿Deveras dice así?

SHARPLESS
Si, cosi dice.
Ma se ad ogni momento...

290.   Si dice así.
Pero si en todo momento...

BUTTERFLY
Taccio, taccío,
piú nulla...

291.   Me callo, me callo,
ya nada...

SHARPLESS
Da quel tempo felice
tre anni son passati...

292.   De aquel tiempo feliz
han pasado tres años...

BUTTERFLY
Anche lui il ha contati!

293.   ¡También él los ha contado!

SHARPLESS
E forse Butterfly
non mi rammenta piú.

BUTTERFLY
Non lo rammento?
—Suzukí, dilo tu.
Non mi rammente piú...

SHARPLESS
(Pazienza!)
Se mí vuol bene ancor
Se m'aspetta...

BUTTERFLY
Oh, le dolci parole
Tu benedetta!

294. Y quizás Butterfly
no me recuerda más.

295. ¿No lo recuerdo?
—Suzuki, dilo tu.
No me recuerda más...

296. (Paciencia!)
Si ella aun me ama
Si me espera...

297. ¡Oh, palabras tan dulces
Tu bendita carta!

Besa de nuevo la carta.

SHARPLESS
A voi mi raccomando
perché vogliate
con circospezione
prepararla...

BUTTERFLY
Rítorna...

SHARPLESS
...al colpo.

BUTTERFLY
Quando? Presto, presto!

SHARPLESS
(Benone)
(Qui troncarla conviene,
quel diavolo d'un Pinkerton!)
Abbene, che fareste,
Madama Butterfly,
s'ei non dovese ritornar
piú mai?

298. En ti confío
para que seas tan amable
y con tacto
prepararla...

299. Regresa...

300. ...para el golpe.

301. ¿Cuándo? ¡Rápido, rápido!

302. (Bueno)
(¡Aquí conviene detenerme,
ese diablo de Pinkerton!)
¡Y bien, qué harías,
Madam Butterfly,
si él nunca más
regresara?

BUTTERFLY
Due cose potrei far:
tornar a divertir la gente
col cantar...oppur...
meglio, morire.

303.

Podría hacer dos cosas:
volver a divertir a la gente
con mi canto...o bien...
mejor, morir.

SHARPLESS
Di strapparvi assai mi costa
dal miraggi ingannatori.
Accogliete la proposta
di quel ricco Yamadori.

304.

Me duele profundamente
arrancarte tus ilusiones.
Acepta la propuesta
del rico Yamadori.

BUTTERFLY
Voi, signor, mi dite questo? Voi?

305.

¿Tu señor, me dices esto? ¿Tu?

Llama a Suzuki.

SHARPLESS
Santo Dio. Come si fá?

306.

Santo Dios. ¿Qué hago?

BUTTERFLY
Qui Suzuki, presto, presto,
che Sua Grazia se ne va.

307.

Ven aquí Suzuki, rápido, rápido,
que Su Gracia se va.

SHARPLESS
Mi sacciate?

308.

¿Me sacas?

Se arrepiente y lo detiene.

BUTTERFLY
Ve ne prego, gia
l'ínsistere non vale.

309.

Por favor, te lo ruego
no tiene caso insistir.

SHARPLESS
Fui brutale, non lo nego.

310.

Fui brutal, no lo niego.

BUTTERFLY
Oh, mi fate tanto male
tanto male, tanto, tanto!
Niente, niente!
Ha creduto morir...
Ma passa presto come passan
le nuvole sul mare...
Ah! M'ha scordata?

311.

¡Oh, me hiciste tanto mal
tanto mal, tanto, tanto!
¡Nada, nada!
He creído morir...
Pero pasa pronto como pasan
las nubes sobre el mar...
¡Ah! ¡Me ha olvidado?

Sale y regresa con su hijo.

BUTTERFLY (*continuato*)
E questo? E questo?
E questo eglí potrá...
pure scordare?

SHARPLESS
Egli è suo?

BUTTERFLY
Chi vide mai a bimbo
di Giappon occhi azzurri?
E il labbro?
E i ricciolini d'oro schietto?

SHARPLESS
E palese.
E Pinkerton lo sa?

BUTTERFLY
No, no, è nato
quand'eglí stava in quel
suo gran paese. Ma voí...
gli scríverete
che l'aspetta un figlío,
senza pari!
E mi saprete dir
s'ei no s'affretta
par le terre e pei mari!

Sai cos'ebbe cuore
di pensar quel signore?
Che tua madre dovrá
prenderti in braccio
ed alla piogia e al venta
andar per la cittá
a guadagnarti il pane
e il vestimento.

(*continuó*)
¿Y esto? ¿Y esto?
¿Y a esto él podrá...
también olvidar?

312. ¿El es suyo?

313. ¿Quién ha visto jamás un niño
dé Japón con ojos azules?
¿Y esos labios?
¿Y los rizos de oro puro?

314. Es obvio.
¿Y Pinkerton lo sabe?

315. No, no, nació
cuando él estaba
en su gran país. ¡Pero tú...
le escribirás
que lo espera un hijo,
sin par!
¡Y me sabrás decir
si el no se apresura
por tierra y por los mares!

Al niño.

¿Sabes tu que piensa
éste señor en su corazón?
Que tu madre deberá
tomarte en sus brazos
y entre la lluvia y el viento
andar por la ciudad
para ganarse tu pan
y tu vestimenta.

BUTTERFLY (*continuato*)
Ed alla impietosite genti
la man tremantes tenderá
gridando: Udite, udite
la triste mia canzon.
A un'infelice madre
la caritá muovetevi a pietá.
E Butterfly orribile destino,
danzerá per te!
E come fece gia
la Geisha canterá.
E la canzon giuliva e lieta
in un singhiozzo finírá,
Ah! No, no questo mai!
Questo mestier
che al disonore porta!
Morta, morta! Mai piú danzar!
Piuttosto la mia víta vo'troncar!
Ah! Morta!

SHARPLESS
(Quanta píetá)
Io scendo al piano.
Mi perdonate?

BUTTERFLY
A te, dagli la mano.

SHARPLESS
I bei capelli biondi!
Caro, come ti chiamanó?

BUTTERFLY
Rispondi: Oggi
ilo mio nome è Dolore
Peró díte al babbo,
scrivendogli,
che il giorno del suo ritorno
Gioía, Gioia, mi chiamero.

(*continuó*)
Y ante la gente sin piedad
extenderá su mano trémula
gritando: Oigan, oigan
mi triste canción.
Para una madre infeliz
que los mueva la caridad y la piedad.
¡Y Butterfly, horrible destino,
danzará para ti!
Y como ya lo ha hecho
la Geisha cantará.
Y la canción alegre y feliz
en un sollozo terminará.
¡Ah! ¡No, nunca mas!
¡Éste trabajo
que lleva al deshonor!
¡Muerta, muerta! ¡Nunca más danzaré!
¡Mejor mi vida voy a truncar!
¡Ah! ¡Muerta!

316. (Cuánta piedad)
Yo bajo al plano.
¿Me perdonas?

Al niño.

317. Dale la mano.

318. ¡El bello cabello rubio!
¿Querido, cómo te llamas?

319. Responde: Hoy
mi nombre es Dolor
Pero dile a papá,
escribiéndole,
que en el día de su retorno
Alegría, Alegría me llamaré.

SHARPLESS
Tuo padre lo sapra
te lo prometto.

320.   Tu padre lo sabrá,
te lo prometo.

Sale

SUZUKI
Vespa! Rospo maledetto!

321.   *(Grita desde afuera)*
¡Avispa! ¡Sapo maldito!

Entra arrastrando a Goro.

BUTTERFLY
Che fu?

322.   ¿Qué pasa?

SUZUKI
Ci ronza intorno
il vampiro! E ogni giorno
ai quattro venti spargendo va
che níuno sa chi padre
al bimbo sia!

323.   ¡Ronda alrededor
el vampiro! ¡Y todos los días
va gritando a los cuatro vientos
que nadie sabe quién
es el padre del niño!

GORO
Dícevo...solo...
che lá in América
quando un figliuolo e nato maledetto
trarrá sempre reietto,
la vita fra la genti!

324.   ¡Solo...decía...
que allá en América
cuando un niño nace maldito
traerá siempre desgracia,
a la vida de sus gentes!

BUTTERFLY
Ah! Tu menti! Mentí!

325.   ¡Ah! ¡Tú mientes! ¡Mientes!

Se lleva al niño.

SUZUKI
No!

326.   ¡No!

BUTTERFLY
Va, via!

327.   *(A Goro)*
¡Largo de aquí!

Goro se va.

Vedrai piccolo amor,
mia pena e mío conforto
mío píccolo amor,
ah vedrai

Tu veras pequeño amor,
mi pena y mi consuelo
mi pequeño amor,
ah verás

BUTTERFLY (*continuato*)
che il tuo vendicator
ci porterá lontano, lontan,
nella sua terra...
lontan ci porterá.

SUZUKI
Il cannone del porto!
Una nave da guerra...

BUTTERFLY
Bianca...bianca...il vessillo
americano delle stelle...
Or governa per ancorare...

Reggimi la mano
ch'io discerní il nome
il nome, il nome...
Eccolo: Abramo Líncoln!
Tutti han mentito!
Sol io lo sapevo
sol io che l'amo.
Vedi lo scimunito tuo dubbio?
E giunto, e giunto!
Proprio nel punto
che ognun diceva:
piangi e dispera.
Trionfa il mío amor! Il mío amor!
La mia fe trionfa íntera.
Ei torna e m'ama!
Scuoti quella fronda di ciliegio
e m'ínnonda di fior.
Io va tuffar
nel, a pioggia odorosa
l'arsa fronte.

(*continuó*)
que tu reivindicador
nos llevará lejos, lejos,
a su tierra...
lejos nos llevará.

Se oye el disparo de un cañón.

328.   ¡El cañón del puerto!
Una nave de guerra...

Ambas corren a la terraza.

329.   Blanca...blanca...la bandera
americana con sus estrellas...
Ahora maniobra para anclar...

Toma el telescopio.

Mi mano aquieta
para que yo vea el nombre
el nombre, el nombre...
¡Ahí está Abraham Lincoln!
Todos han mentido!
Solo yo lo sabía
solo yo que lo amo.
¿Ves, tus tontas dudas?
¡Ha llegado, ha llegado!
Justo en el momento
en que todos decían:
llora y desespera.
¡Triunfa mí amor! ¡Mi amor!
Triunfa toda mi fé.
¡El regresa y me ama!
Agita esa rama de cerezo
para que caigan las flores.
Quiero mojar
en la lluvia olorosa
mi frente ardiente.

SUZUKI
Signora quetatevi
quel pianto...

BUTTERFLY
No, rido, rido!
Quanto lo dovremo aspettar?
Che pensi? Un'ora?

SUZUKI
Di piu.

BUTTERFLY
Due ore forse.
Tutto...tutto...
sia pien di fior, come
la notte è di faville.
Va pei fior.

SUZUKI
Tutti í fior?

BUTTERFLY
Tutti i fior, tutti, tutti.
Pesco, viola, gelsomin
quanto di cespo, o d'erba,
o d'albero fiori.

SUZUKI
Uno squallor d'inverno
sará tutto il giardin.

BUTTERFLY
Tutta la primavera
voglio che olezzi quí.

SUZUKI
Uno squallor d'inverno
sará tuno il giardin
A voi, signora.

BUTTERFLY
Cogline ancora.

330. Señora calma
ese llanto...

331. ¡No, rio, rio!
¿Cuanto lo deberemos esperar?
¿Qué piensas? ¿Una hora?

332. Más que eso.

333. Quizás dos horas.
Que todo...todo...
esté lleno de flores, como
la noche de estrellas.
Vé por las flores.

334. ¿Todas las flores?

335. Todas las flores, todas, todas.
Durazno, violetas, jazmines
todo lo que florece en la hierba,
o en los árboles.

336. El jardín quedará triste
como en invierno.

337. Quiero que aquí
huela a primavera.

338. Todo el jardín estará
triste como en invierno
Para ti señora.

339. Recoge más.

SUZUKI
Sovente a questa siepe
veniste a riguardare lungí,
piangemdo nella deserta immensitá.

BUTTERFLY
Giunse l'atesso
nulla píu chíedo al mare;
diedi pianto alla zolla,
essa i suoi fior mi da.

SUZUKI
Spoglio è l'orto?

BUTTERFLY
Spoglio è l'orto?
Víen m'aiuta.

SUZUKI
Rose al varco della soglia.

BUTTERFLY
Tutta la primavera
voglio che olezzi qui.

BUTTERFLY y **SUZUKI**
Seminiamo intorno april.

SUZUKI
Gigli? Viole?

BUTTERFLY
Il suo sedil s'inghirlandi
di convolvi, gigli e rase.
Intomo spandi...

BUTTERFLY y **SUZUKI**
Gettiamo a mani piene
mammole e tuberosa,
corolle di verbene
petali d'ogni fior.

340.

341.

342.

343.

344.

345.

346.

347.

348.

349.

Con frecuencia a esta orilla
veniste a mirar a lo lejos,
llorando ante la desierta inmensidad.

Llegó el que esperaba
ya no le pido nada al mar;
di mi llanto al césped,
y él me dio flores.

¿Está el huerto desnudo?

¿Está desnudo el huerto?
Ven, ayúdame.

Rosas en el umbral.

Quiero que aquí
huela a primavera.

Hemos sembrado a abril alrededor.

¿Lirios? ¿Violetas?

Adornemos su silla
con convólvulos, lirios y rosas.
Esparce alrededor...

Arrojaremos a manos llenas
violetas y tuberosas,
capullos de verbena
y pétalos de todas las flores.

Cuando terminan, Butterfly va por sus artículos de belleza.

BUTTERFLY

Or vienmi ad adornar
No, pria portami il bimbo.

350. Ahora ven a adornarme
No primero tráeme al niño.

Mientras Suzuki va a traer al niño, Butterfly se mira en el espejo.

Non son píu quella!
Troppi sospiri
la bocca mando...
e l'occhio riguardo...
ne lontan troppo fiso.

¡Ya no soy aquella!
Muchos suspiros
salieron de mi boca...
y mis ojos miraron...
mucho la distancia.

Regresa Suzuki con el niño.

—Dammi sul viso
un tocco di carminio...
ed anche a te píccíno,
perché la vegila
non ti faccía vote
per pallora le gote.

—Dame un toque de carmín
en el rostro...
y también para ti pequeño,
para que la vigilia
no haga pálidas tus
mejillas.

SUZUKI

Non vi movete
che v'ho a ravviare i capelli.

351. No te muevas
que voy a peinarte el cabello.

BUTTERFLY

Che ne diranno!
E lo zío Bonzo?
Gia del mío danno
tutti contenti!
E Yamadori coi suoi languori!
Beffati, scornati
spennati gli ingrati!

352. ¡Qué dirán ellos!
¿Y el tío Bonzo?
¡Ya están contentos
por mi infortunio!
¡Y Yamadori con su languidez!
¡Burlados, despreciados
los ingratos!

SUZUKI

E fatto.

353. ¡Está terminado!

BUTTERFLY

L'obi che vestí da spose	354.	El obi que usé en la boda
Qua, ch'io lo vasta.		Aquí para ponérmelo.
Vo che mi veda indosso		Quiero que me vea
il vel del primo di.		usando el velo del primer día.
E un papavero roso		Y una amapola roja
nei capelli...cosi.		en el cabello...así.
Nello shoshi or farem		En el shoshi haremos
tre forellini per riguardar		tres agujeritos para mirar
e starem zitti come topolini.		y estaremos quietos como ratoncitos.
Ad aspettar.		Y esperaremos.

Ella lleva al niño al shoshi y en él hace tres agujeritos: uno alto para ella
uno para Suzuki, y el tercero abajo para el niño a quien sienta en un cojín.
Ellos empiezan amirar, Butterfly permanece inmóvil como estatua.

&

Acto Tercero

Amanece, se oyen las voces de los marineros abajo en los muelles.
Butterfly permanence de pie en el mismo lugar.

SUZUKI
Giá il sole!
Cio-Cio-San...

355.
(Despertando)
¡Salió el sol!
Cho-Cho-San...

BUTTERFLY
Verra...verra...
Col pieno sole.

356.
Vendrá...vendrá...
Cuando el sol esté alto.

SUZUKI
Salite a riposare
affranta siete.
Al suo venire
vi chiameró.

357.
Sube a reposar
estás exhausta.
Cuando llegue
te llamaré.

Sale cantándole al niño.

BUTTERFLY
Dormi, amor mío,
dormi sul mío cor.
Tu seí con Dio,
ed io col mio dolor.
A te i rai
degli astri d'or
bimba mio, dormi.

358.
Duerme, amor mío,
duerme sobre mi corazón.
Tú estás con Dios,
y yo con mi dolor.
Para ti los rayos
de tos astros de oro,
niño mío, duerme.

SUZUKI
Povera Butterfly!

359.
¡Pobre Butterfly!

BUTTERFLY
Dormi, amor mío
dormí sul mío cor.
Tu sei con Dio
ed io col mi dolor.

360.
Duerme, amor mío,
duerme sobre mi corazón.
Tú estás con Dios
y yo con mi dolor.

Ella sale llevando al niño.
Suzuki abre el shoshi y se escucha un leve toquido en la puerta.

SUZUKI
Povera Butteffly!
Chi sia?

361. ¡Pobre Butterfly!
¿Quién será?

Abre

Oh!

¡Oh!

Entrant Sharpless y Pinkerton

PINKERTON
Zitta! Zitta!
Non la destare.

362. ¡Quieta! ¡Quieta!
No la despiertes.

SUZUKI
Era stanca, si tanto!
Vi stette ad aspettare
tutta la notte col bimbo.

363. ¡Estaba tan cansada!
Estuvo esperando
toda la noche con el niño.

PINKERTON
Come sapea?

364. ¿Como supo?

SUZUKI
Non giunge da tre anni
una nave nel porto
che da lunge Butterfly
non ne scruti il color, la bandiera.

365. Por los últimos tres años
no ha entrado una nave en el puerto
que desde lejos Butterfly
no haya visto su color y su bandera.

SHARPLESS
Ve lo dissi?

366. (A Pinkerton)
¿No te lo dije?

SUZUKI
La chiamo.

367. La llamo.

PINKERTON
No, non ancor.

368. No, todavia no.

SUZUKI
Lo vedete ier sera,
la stanza volle sparger
di fiori.

369. Lo ves, ayer en la noche,
quería esparcir flores
por la estancia.

SHARPLESS
Ve lo dissi?

370. ¿No te lo dije?

PINKERTON
Che pena!

371. ¡Qué pena!

SUZUKI
Chi c'e lá fuori nel gíardino?
Una donna!

372. ¿Quien está afuera en el jardín?
¡Una mujer!

PINKERTON
Zítta!

373. ¡Calla!

SUZUKI
Chi e? Chi e?

374. ¿Quién es? ¿Quién es?

SHARPLESS
Meglio dirle ogni cosa.

375. Mejor decirle cualquier cosa.

SUZUKI
Chi e? Chi e?

376. ¿Quién es? ¿Quién es?

PINKERTON
E venuta con me.

377. Ha venido conmigo.

SUZUKI
Chi e? Chi e?

378. Quién es? Quién es?

SHARPLESS
La sua moglie.

379. Su esposa.

SUZUKI
Anime sante degli avi!
Alla piccina
s'è spento il sol!

380. ¡Anima santa de nuestros ancestros!
¡A la pequeña
se le ha muerto el sol!

SHARPLESS.
Scegliemmo quest'ora mattutina
per ritrovarti sola, Suzuki,
e alla gran prova
un aíuto, un sostegno
cercar con te.

381. Escogimos ésta hora en la mañana
para encontrarte sola, Suzuki,
y en ésta gran prueba
una ayuda y un sostén
buscar contigo.

SUZUKI
Che giova? Che giova?

382. ¿De que puedo servir? ¿De que?

SHARPLESS

Io so che alle sue pene
non ci sono conforti.
Ma del bimbo conviene
assicurar le sorti.

PINKERTON

Oh! L'amara fragranza
di questi fior
velenosa al cor mi va
immutata è la stanza
dei nostri amor.

SHARPLESS

La pietosa
che entrar non osa
materna cura
del bimbo avrá.

SUZUKI

Oh me trista!
E volete ch'io chieda
ad una madre...

SHARPLESS

Suvvia, parla con quella pia
e conducila qui...
s'anche la veda Butterfly
non importa...anzí
meglio se accorta del vero
si faccese alla sua vista.
Víen, Suzuki. Vien...

PINKERTON

Ma un gel di morte vi stá
Il mío ritratto...
Tre anni son passati,
e noverati n'ha i giorni
e l'ore!
Non posso rimaner...
Sharpless, v'aspetto per via.

383. Yo sé que para sus penas
no hay consuelo.
Pero conviene del niño
asegurar el futuro.

384. Oh! La amarga fragancia
de éstas flores
venenosa va a mi corazón
la estancia de nuestro amor
permanece sin cambios.

385. La compasiva dama
que no se atreve a entrar
para el niño tendrá
cuidados maternales.

386. ¡Oh, pobre de mí!
Y quieres que yo le pida
a una madre...

387. Ven, habla con esa piadosa mujer
y condúcete aquí...
aunque la vea Butterfly
no importa...de hecho
será mejor que sepa la verdad
al verla.
Ven, Suzuki. Ven...

388. Pero hay un hielo de muerte
Mi retrato...
Han pasado tres años,
y ella ha contado los días
y las horas!
No puedo permanecer aquí...
Sharpless, te espero en el camino.

SHARPLESS
Non ve l'avevo detto?

389.   ¿No te lo había dicho?

Le dá al Consul algun dinero.

PINKERTON
Datele voi qualche soccorso...
mi struggo dal rímorso.

390.   Dale alguna ayuda...
el remordimiento me consume.

SHARPLESS
Vel dissi? Vi ricorda?
Quando la man ví dieda:
badate ella si crede.
E fui profeta allor!
Sorda ai consigli
sorda ai dubbi, vilipesa,
nell'ostinata attesa
raccoíse il cor.

391.   ¿Te lo dije? ¿Recuerdas?
Cuando te dio su mano:
cuidado, ella si cree.
¡Entonces fui profeta!
Sorda a los consejos
sorda a las dudas, exagerada,
en la obstinada espera
de su esperanzado corazón.

PINKERTON
Si, tutto in un istante
ío vedo il fallo mío
e sento che di questo tormento
tregua mai non avro. No!

392.   Si, todo en un instante
yo veo mi error
y siento que no tendré
tregua en mi tormento. ¡No!

SHARPLESS
Andate. Il triste vero
da sola apprenderá.

393.   Ve. La triste verdad
ella sola conocerá.

PINKERTON
Addio, fioríto asil
di letízia e d'amor...
Sempre il mite suo sembiante
con strazio atroce vedró.

394.   Adiós, florido refugio
de felicidad y de amor...
Siempre su dulce semblante
con atroz sufrimiento veré.

SHARPLESS
Ma or quel cor sincero
presago è gia...

395.   Pero ahora su corazón sincero
ya tiene un presagio...

PINKERTON
Addio, fiorito asil...
Non reggo al tuo squallor...
Fuggo, fuggo...son vil!

396.   Adiós florido refugio...
No pucdo soportar tu miseria...
¡Huyo, huyo...soy vil!

Pinkerton sale de prisa, mientras Suzuki y Kate llegan del jardín.

KATE
Glielo dirai?

SUZUKI
Prometto.

KATE
E le daraí consigilo
d'affidarmi?

SUZUKI
Prometto.

KATE
Lo terró come un figlio.

SUZUKI
Vi credo. Ma bisogna
ch'io le sia sola accanto...
Nella grande ora...sola!
Piangerá tanto, tanto!

BUTTERFLY
Suzuki, Suzuki, dove sei?

Suzukí!

SUZUKI
Son qui...
Pregavo e rímettevo
a posto...No...no...no...
Non scendete...no...no...

BUTTERFLY
E qui...e qui...
dove è nascosto?
E quí...e qui...
Ecco il Cónsole...
E dove?...dove?

Non c'è.

397. ¿Tú se lo dirás?

398. Lo prometo.

399. ¿Y le aconsejaras
confiar en mí?

400. Lo prometo.

401. Lo cuidaré como mí propio hijo.

402. Te creo. Pero debo
estar sola a su lado...
¡En esta horrible hora...sola!
Llorará tanto, tanto!

(Desde adentro.)
403. ¿Suzuki, Suzuki, en donde estás?

Aparece.
¡Suzuki!

404. Aquí estoy...
Rezaba y arreglaba
No...no...no...
No bajes...no...no...

Entra en la estancia.

405. Aquí está... aquí está...
en donde está escondido?
Aquí está...aquí está...
Aquí está el Cónsul...
¿Y...dónde? ... ¿donde?

Mira alrededor.
No esta.

Mira a Kate.

BUTTERFLY (*continuato*)
Quella donna!
Che vuol da me?
Niuno parla!
Perché piangete?
No, non ditemi nulla...nulla...
forse potrei cader morta sull'attimo...

Tu Suzuki, che sei tanto buona,
non piangere!
E mi vuol tanto bene—
un Si, un No, di piano
vive?

SUZUKI
Si.

BUTTERFLY
Ma non viene piu
te l'han detto!
Vespa! Voglio
che tu risponda.

SUZUKI
Mai piu.

BUTTERFLY
Ma è giunto ieri?

SUZUKI
Si.

BUTTERFLY
Ah! Quella donna
mi fa tanta paura!
Tanta paura!

SHARPLESS
E la causa innocente
d'ogni vostra sciagura.
Perdonatele.

(*continuó*)
¡Esa mujer!
¿Qué quiere de mí?
¡Nadie habla!
¿Por qué lloran?
No, no me digan nada...nada...
podría caer muerta en ese instante...

¡Tu Suzuki, que eres tan buena,
no llores!
¿Y que me ama tanto—
un Si, un No, suavemente
vive?

Si.

406.

407. ¡Pero ya no vendrá mas
te lo han dicho!
¡Avispa! Quiero
que respondas.

408. Nunca más.

409. ¿Pero llegó él ayer?

410. Si.

411. ¡Ah! ¡Aquella mujer
me dá tanto miedo!
¡Tanto miedo!

412. Es la causa inocente
de toda tu desgracia.
Perdónala.

BUTTERFLY
Ah! E sua moglie!
Tutto è morto per me!
Tutto è finito!

SHARPLESS
Coraggio!

BUTTERFLY
Voglion prendermi tutto!
Il figlio mio!

SHARPLESS
Fatelo pel suo bene
il sacrifizio.

BUTTERFLY
Ah! Triste madre!
Abbandonar mio figlio!
E sia.
A lui devo obbedir!

KATE
Potete perdonarmi, Butterfly?

BUTTERFLY
Sotto il gran ponte del cielo
non v'è donna di voi piu felice.
Siatelo sempre...
non v'attristate per me...

KATE
Povera piccina!

SHARPLESS
E un'immensa pietá.

KATE
E il figlio, lo dará?

413. ¡Ah! ¡Es su esposa!
¡Todo ha muerto para mí!
¡Todo ha terminado!

414. ¡Ten valor!

415. ¡Ellos quieren llevarse todo!
Mi hijo!

416. Haz el sacrificio por
su bien.

417. ¡Ah! ¡Triste madre!
¡Abandonar a mi hijo!
Así sea.
¡A él debo obedecerlo!

418. ¿Puedes perdonarme, Butterfly?

419. Debajo del gran puente del cielo
no hay mujer mas feliz que tu.
Que así sea siempre...
no te entristezcas por mi...

420. ¡Pobre pequeñita!

421. Es una inmensa piedad.

422. ¿Y dará a su hijo?

BUTTERFLY
A lui lo potró dare,
se lo verrá a cercare.
Fra mezz'ora
salite la collína.

423. A él podré dárselo,
si viene a buscarlo.
Dentro de media hora
que suba a la colina.

Suzuki acompaña a Kate y Sharpless que se retiran.

SUZUKI
Come una mosca prigioniera
l'ali bate il piccolo cuor!

424. ¡Tu pequeño corazón bate sus alas
como una mosca prisionera!

BUTTERFLY
Troppa luce è di fuor,
e troppa primavera.
Chiudi.
Il bimbo ove sia?

425. Hay mucha luz de afuera,
y mucha primavera.
Cierra.
¿En donde está el niño?

SUZUKI
Giuoca...
Lo chiamo?

426. Juega...
¿Lo llamo?

BUTTERFLY
Lascialo giocar...
Va a fargli compagnia.

427. Déjalo jugar...
Vé a hacerla compañía.

SUZUKI
Resto con voí.

428. Me quedo contigo.

BUTTERFLY
Va, va, te lo comando.

429. Vé, vé te lo ordeno.

*Suzuki sale llorando. Butterfly enciende una vela en el altar y se inclina
luego toma la daga y de su padre y la besa. Lee las palabras grabadas en ella.*

"Con onor muore
chi non puó serbar vita con onore."

"Con honor muera
quien no pueda conservar su vida con honor."

*Coloca la daga en su garganta, pero la puerta se abre y entra el niño corriendo.
Butterfly deja caerá daga, se abalanza sobre el niño y lo abraza.*

BUTTERFLY (*continuato*)
Tu? tu? tu? tu?
Piccolo Iddio!
Amore, amore mío,
fior di giglio e di rosa.
Non saperlo maí...per te
pei tuoi puri occhi
muore Butterfly...
perche tu possa andar
di lá dal mare
senza che ti rimorda
ai di maturi
il materno abbandono.
O a me, sceso dal trono
dell'alto Paradiso,
guarda ben fiso, fiso,
di tua madre la faccia!
Che te n'resti una traccía,
guarda ben!
Amore, addio, addio!
Piccolo amor!
Va, gioca, gioca.

(*continuó*)
¡Tu? ¡Tu? ¡Tu? ¡Tu?
¡Pequeño dios!
Amor, amor mío,
flor de lirio y de rosa.
Nunca lo sabrás...por ti
por tus ojos puros
muere Butterfly...
para que puedas ir
mas allá del mar
sin que te remuerda
en tus días maduros
el materno abandono.
¡Tu que descendiste a mi
desde el trono del alto paraíso,
mira bien fijamente, fijamente,
el rostro de tu madre!
¡Para que te quede un recuerdo,
míralo bien!
¡Amor, adiós, adiós!
¡Pequeño amor!
Ve, juega, juega.

Toma al niño y lo coloca en un tapete y delicadamente le venda los ojos.
Le pone una banderita americana en las manos. Ella va detrás de un biombo.
Se escucha la daga caer al suelo.
Butterfly cae al piso mostrando la mitad de su cuerpo,
se arrastra hasta el niño y lo abraza y cae a su lado.
En este momento se escucha la voz de Pinkerton desde afuera.

VOZ DE PINKERTON
Butterfly! Butterfly!
Butterfly!

430. ¡Butterfly! ¡Butterfly!
¡Butterfly!

Se abre la puerta, entran Pinkerton y Sharpless,
Pinkerton se arrodilla a lado de Butterfly
mientras Sharpless toma al niño y sale con él.

FIN

Biografia de Giacomo Puccini

El matrimonio de Michele Puccini y Albina Magi vivía en la pequeña población de Lucca en el norte de Italia; inicialmente procreó a seis hijas y finalmente el 22 de diciembre de 1858, nace un varón a quien ponen el nombre de Giacomo, como era tradicional en la familia.

Michele el padre, muere a la edad de 51 años, cuando nuestro personaje tenía solo 5 años. La familia tenia una reducida pensión del municipio. Puccini aprende a tocar el órgano y se presenta a tocarlo en las pequeñas comunidades que rodean a Lucca.

Puccini compone un motete que es presentado por primera vez en la iglesia de San Paolino en Lucca. Giacomo viaja a pie a Pisa para presenciar la *Aida* de Verdi y entonces decide dejar la música sacra y dedicarse al arte operístico.

La Reina Margarita de Italia, le concede un subsidio, y gracias a él logra entrar como alumno al Conservatorio de Milán. Durante un tiempo compartió su vivienda con Pietro Mascagni, autor de *Cavalleria Rusticana*.

En 1883, en el Conservatorio de Milán, a manera de graduación se ejecuta con mucho éxito su "Capriccio Sinfonico." Ahí termina su vida de estudiante.

El 31 de Mayo de 1884, presenta muy exitosamente su ópera *Le Villi* en el Teatro dal Verme de Milán.

Durante su romance con una mujer casada de nombre Elvira Gemignani, de ve obligado a huir de Lucca, llevando consigo a Fosca la hija de su concubina. En Diciembre de 1886 nace en Monza, Antonio el único hijo de ambos.

En 1889 se estrena en La Scala Edgar, la segunda ópera de Puccini que fue Acogida fríamente por la audiencia.

Un resonante éxito lo constituyó el estreno de *Manon Lescaut* el primero de Febrero de 1893, en el Teatro Regio de Turín.

Después de éste triunfo, la Editorial Ricordi adquiere los derechos de sus obras a cambio de una renta vitalicia con lo cual aumentan considerablemente sus ingresos y es así como logra comprar la casa de la familia en Lucca que había sido vendida después del deceso se su madre.

Las 9 operas que siguieron a las ya mencionadas fueron en general muy bien recibidas por el público, de Europa y América y la fama del compositor creció enormemente.

El 25 de Enero de 1903 sufre un grave accidente automovilístico que le fractura una de las piernas y le impide trabajar en la composición operística durante un largo tiempo. Para entonces ya se había mudado a su nueva y elegante casa en Torre del Lago.

Puccini contrae matrimonio con Elvira el 3 de Enero de 1904.

En 1908, la vida de Puccini se vé alterada por el suicidio de Doria Manfredi impulsada por los irracionales celos de Elvira. La joven Doria, estuvo a cargo de los cuidados para el compositor, durante su larga convalecencia. Con éste episodio la relación de Puccini y Elvira sufre una ruptura irreparable.

En 1912 Puccini comienza una relación amorosa con la baronesa alemana Josephine von Stängel.

Para 1924 la salud de Puccini se encuentra muy deteriorada debido al cáncer de garganta que padece y el 4 de Noviembre se dirige a Bruselas Bélgica en donde será sometido como último recurso a una cirugía. La operación no tiene éxito y el compositor fallece el 29 de Noviembre de 1924 a las 11;30 de la mañana.

El 1 de Diciembre hubo un impresionante cortejo fúnebre en Milán y ceremonias póstumas el día 3 de Diciembre. Su inhumación transitoria fue en la bóveda de la familia Toscanini.

Operas de Puccini

Le Villi	*Edgar*	*Manon Lescaut*	*La Bohemia*
Tosca	*Madam Butterfly*	*La Rondine*	*La Fanciulla del West*
Il Tabarro	*Suor Angelica*	*Gianni Schichi*	*Turandot*

Acerca de Estas Traducciones

El Dr. Eduardo Enrique Prado Alcalá nació en 1937 en el norte de México, estudió la carrera de medicina y se especializó en cáncer ginecológico y cáncer de mama.

Ejerció su carrera durante 40 años y finalmente llegó a la edad del retiro.

Desde la edad de 42 años, se hizo aficionado a la ópera y a la música clásica y formó parte de un grupo de amigos aficionados a estas disciplinas. Tuvo la oportunidad de asistir a funciones operísticas en la Ciudad de México, en Guadalajara México, en Toluca México, en Mazatlán México, en Seattle, en Madrid y en Londres. Organizó en la Ciudad de Mazatlán tres conciertos de música clásica, uno de ellos en la catedral.

∽

Jugum Press y Traducciones de Ópera

Jugum Press y Ópera en Español Prensa publica estas traducciones de ópera por Dr. E.Enrique Prado:

Vincenzo Bellini:
Norma

Georges Bizet:
Carmen

Gaetano Donizetti:
Anna Bolena, Don Pasquale, Lucia di Lammermoor, Lucrezia Borgia

Ruggero Leoncavallo:
I Pagliacci

Pietro Mascagni:
Cavalleria Rusticana

Wolfgang Amadeus Mozart:
Die Zauberflöte, Don Giovanni, Le Nozze di Figaro

Giacomo Puccini:
La Boheme, La Fanciulla del West, Madama Butterfly, Manon Lescaut, Tosca
El Tríptico: Gianni Schicchi, Suor Angelica, Il Tabarro

Giacchino Rossini:
Il Barbiere Di Siviglia, La Cenerentola

Giuseppe Verdi:
Aida, Un Ballo in Maschera, Don Carlo, Ernani, Falstaff, La Forza del Destino, I Lombardi, Macbeth, Nabucco, Otello, Rigoletto, Simon Boccanegra, La Traviata, Il Trovatore

Para información y disponibilidad, por favor vea
www.operaenespanol.com
Correo: JugumPress@outlook.com
Síganos en Twitter: @jugumpress
Regístrate para nuestras noticias: http://eepurl.com/5m7tj

72

www.ingramcontent.com/pod-product-compliance
Lightning Source LLC
Chambersburg PA
CBHW081259040426
42452CB00014B/2576